Die Religion des Kapitals

Paul Lafargue

Die Religion des Kapitals

Eine Satire

Aus dem Französischen von
Eduard Bernstein

Edition Ahrend *&* Wegner

Edition Ahrend & Wegner
Herausgegeben von Jürgen Müller

www.ahrendwegner.de

Korrektorat und Lektorat: Benjamin Wuttke
Satz und Umschlaggestaltung: Jürgen Müller
Gesetzt aus der Minion Pro von Robert Slimbach
Herstellung und Verlag: BoD – Books on Demand, Norderstedt
Alle Rechte vorbehalten, Copyright © 2015
ISBN 978-3-7347-7499-7

*Die Wiedergabe des Textes folgt der 1930 im Internationalen
Arbeiter-Verlag, Berlin, erschienenen Ausgabe. Einige Begrifflichkeiten
wurden zum besseren Verständnis stillschweigend modernisiert.*

Vorbemerkung des Herausgebers

Paul Lafargue war nicht nur ein Wissenschaftler und Politiker, sondern auch Schriftsteller – davon zeugt in besonderer Weise die vorliegende Schrift »Die Religion des Kapitals«, die erstmals 1886 in Frankreich veröffentlicht wurde. Neben dem Witz und dem Spott, dem Tiefgang der Gedanken sowieso, ist schreibendes Experiment in ihr stilprägend. Lafargue spielt mit Text und Form. Einzelne Kapitel gleichen dem Werk eines Dramatikers, andere wiederum dem Stil des Neuen Testamentes.

Kein Wunder also, dass bei Lafargue ein philosophischer Text über das Wesen des Kapitals mit einer Szene beginnt, die auch die Exposition eines Theaterstückes darstellen könnte. In dieser beschreibt Lafargue ein fiktives Treffen der damaligen wirtschaftlichen, politischen und geistlichen Eliten in London. Deren Vertreter kommen aus aller Welt und sie eint die Suche nach der Antwort auf eine Frage: Wie lässt sich der Sozialismus und mit ihm die Freiheit der ausgebeuteten Arbeiterinnen und Arbeiter verhindern?

Dieser Kongress, so lässt uns Lafargue wissen, dauerte zehn Tage und wurde zu einem Wendepunkt der Geschichte, denn zum Übel der Menschheit fanden diese Eliten eine bis heute wirksame Antwort, deren Kernidee hier dargelegt ist.

Inhalt

I. Der Londoner Kongress	9
II. Katechismus des Arbeiter	17
III. Die Predigt der Kurtisane	24
IV. Der Hohepriester oder Andachtsbüchlein des Unternehmer	35
1. Die Natur des Gott-Kapital	36
2. Der Auserwählte des Kapital	38
3. Die Pflichten des Kapitalisten	41
4. Grundlehren der göttlichen Weisheit	48
5. Ultima Verba	53
V. Das Gebet des Kapitalisten	57
1. Das Gebet des Herrn	57
2. Glaubensbekenntnis	57
3. Der englische Gruß (Ave Miseria)	58
4. Anbetung des Goldes	59
VI. Klagen Hiob Rothschilds, des Kapitalisten	63
Anmerkungen	67

I.
Der Londoner Kongress

Die Fortschritte des Sozialismus beunruhigen die besitzenden Klassen diesseits und jenseits des Ozeans immer mehr. Es sind daher vor einigen Wochen in London Männer aus allen Weltgegenden zusammengetreten, um gemeinsam zu beraten, welche Mittel am besten geeignet wären, um das bedrohliche Umsichgreifen der sozialistischen Ideen aufzuhalten.

Unter den Vertretern der kapitalistischen englischen Bourgeoisie bemerkte man Lord Salisbury, Lord Randolph Churchill, Chamberlain, Kardinal Manning, Charles Dilke und Herbert Spencer. Bismarck, der durch eine akute Alkoholvergiftung abgehalten war, hatte seinen Busenfreund, den Geheimen Rat Bleichröder, geschickt. Die Großindustriellen und Finanziers aller Länder, Vanderbilt, Gould, Rothschild, Soubeyran, Krupp, Stumm, Dollfus, Dietz-Monnin, Schneider, Herzog und Wörmann, waren entweder in Person anwesend oder hatten Vertreter geschickt. Noch nie hatte man in einer und derselben Versammlung Leute von so verschiedener Nationalität und Gesinnung sich so freundschaftlich die Hände drücken gesehen. Herr Ernst von Eynern setzte sich neben den Bischof Krementz, Gladstone und Salisbury gingen Arm in Arm mit Parnell auf und ab, Eugen Richter plauderte mit Herrn von Puttkamer, und Moltke unterhielt sich freundschaftlich mit Déroulède und Ranc über die Möglichkeit eines Revanchekrieges.

Die Sache, die sie zusammengeführt, gebot ihren persönlichen Gefühlen und ihren nationalen Eifersüchteleien Stillschweigen. Der päpstliche Legat ergriff zuerst das Wort: »Man regiert die Menschen sowohl durch die brutale als durch die geistige Macht. Früher war die Religion die magische Kraft, welche die Gemüter der Menschen beherrschte: sie gebot dem Arbeiter, sich nie zu empören, sie lehrte ihn, für den Schatten die Beute preiszugeben, sein irdisches Elend über den Traum von der himmlischen Glückseligkeit zu vergessen. ... Aber der Sozialismus, der böse Geist der Neuzeit, treibt den Glauben aus den Köpfen der Menschen und nistet seine Lehre dafür ein; er kündet an, dass er aus der Erde ein Paradies machen werde, und dass das Glück nicht auf das Jenseits verschoben werden soll. Mit pestartiger Verführung ruft er dem Lohnarbeiter zu: ›Man bestiehlt dich! Auf, mach zu! Empöre dich!‹ Er bereitet die einst so gefügigen und unterwürfigen Arbeitermassen auf eine allgemeine Erhebung vor, welche die bevorrechtete Klasse beseitigen und die Familie aufheben wird, welche den Reichen ihr Eigentum nehmen wird, um es den Armen zu geben, welche die Kunst und die Religion zerstören und die Barbarei über die Erde bringen wird. Wie den Feind aller Zivilisation und allen Fortschritts bekämpfen? Welches sind die Waffen, die gegen den Sozialismus in Anwendung zu bringen sind? Fürst Bismarck, der Schiedsrichter Europas, der Nebukadnezar, der Dänemark, Österreich und Frankreich besiegte, ist von sozialistischen Schustern und Schneidern besiegt worden; die französischen Konservativen haben 1848 und 1871 gleich Fleischern Abertausende von Sozialisten niedergemetzelt und aus Paris ein Schlachthaus gemacht, und das Blut dieser Riesenschlächtereien ist der Tau gewesen, der den Sozialismus in allen Ländern sprießen ließ. Nach jedem Blutbad wächst der Sozialismus kräftiger empor. Das Ungeheuer hat die Probe der brutalen Gewalt überstanden. Was tun?«

Die Gelehrten und Philosophen in der Versammlung, Paul Bert, Ernst Häckel und Herbert Spencer, standen nacheinander auf und schlugen vor, den Sozialismus durch die Wissenschaft zu bändigen. Seine Eminenz, Herr Krementz, Erzbischof von Köln, zuckte die Achseln: »Aber Eure verfluchte Wissenschaft liefert ja den Sozialisten ihre schneidigsten Argumente.«

»Sie kennen die Naturphilosophie, die wir lehren, nicht«, erwiderte Herbert Spencer. »Unsere Entwicklungstheorie beweist, dass die niedrigere soziale Stellung der Arbeiter in den unveränderlichen Gesetzen der Natur begründet ist, und dass die Bevorrechteten der höheren Klassen sich fortgesetzt vervollkommnen und schließlich eine neue Rasse bilden werden. Die Menschen dieser Rasse werden in nichts jenen Bestien in Menschengestalt der niedrigeren Rasse gleichen, welche nur mit der Peitsche in der Hand zu regieren sind. ...«[1]

»Möge Gott verhüten, dass Ihre Entwicklungstheorien jemals in der Arbeiterklasse bekannt werden; sie würden sie in Wut versetzen, sie zur Verzweiflung, diesem Anstifter aller Volksaufstände, treiben«, unterbrach ihn der Protestantenvereinler Baumgarten. »Sie sind in der Tat sehr naiv, wenn Sie sich einbilden, dass man Ihre enttäuschende Wissenschaft dem Sozialismus entgegensetzen kann, der den Arbeitern die Gleichheit der Güter und die volle geistige und körperliche Entwicklung aller Menschen verspricht. Wenn wir privilegierte Klasse bleiben und fortfahren wollen, auf Kosten der Arbeiter zu leben, dann müssen wir die Einbildungskraft befriedigen, und, während wir das Menschenvieh scheren, seinen Geist durch bezaubernde Märchen und Luftspiegelungen unterhalten. Die christliche Religion erfüllte diese Aufgabe wunderbar. Sie aber, meine Herren Freidenker, haben Sie ihres Glanzes entkleidet.«

»Sie haben Recht, wenn Sie eingestehen, dass Ihre Religion in Misskredit geraten ist«, warf ihm Paul Bert brutal entgegen, »sie verliert jeden Tag an Boden. Und wenn wir Freidenker, die Ihr ohne alle Überlegung angreift, Euch nicht unter der Hand unterstützten, obwohl wir den Dummen zuliebe uns die Miene geben, als bekämpften wir Euch, wenn wir nicht die Kultusbudgets bewilligten, so würdet Ihr und alle Priester, Pastoren und Rabbiner die heilige Bude abschließen und vor Hunger krepieren müssen. Man entziehe den Priestern ihre Bezahlung, und die Religion ist futsch. ... Ihr beklagt Euch, dass wir nicht in die heilige Messe gehen; aber den Teufel auch, warum hat man uns eine so blöde Religion fabriziert! Mit dem besten Willen von der Welt kann ich nicht bekennen, dass ich daran glaube, dass eine Taube eine Jungfrau befruchtet habe, und dass aus diesem, wider alle Moral und Naturgeschichte verstoßenden Akt ein Osterlamm hervorgegangen sein soll, das ein beschnittener Jude wurde.«

»Ihre Religion steht nicht einmal mit den Regeln der Grammatik im Einklang«, setzte Herr Ménard-Dorian, der sich auf seine Sprachreinigung etwas zugutetat, hinzu. »Ein einziger Gott in drei Personen ist zu beständigen Barbarismen verurteilt, wie: ›Ich denken‹, ›ich schnäuzen uns‹, ›ich wischen uns‹ ...«

»Meine Herren, wir sind nicht hier, um unsere Glaubensartikel zu diskutieren«, lenkte mit sanftem Vorwurf der Kardinal Manning ein, »sondern um uns mit der sozialen Gefahr zu beschäftigen. Sie können, Voltaire und andere wiederholend, die Religion verspotten und verhöhnen, aber Sie schaffen damit die Tatsache nicht aus der Welt, dass sie der beste moralische Zügel ist wider die Begehrlichkeiten und Leidenschaften der niederen Klassen.«

»Der Mensch ist ein religiöses Tier«, begann mit sentenzhafter Gemessenheit P. Laffitte, der Papst des Positivismus. »Die Religion August Comtes enthält weder Taube noch Lamm, aber obwohl unser Gott weder Haare noch Federn hat, ist er doch ein positiver Gott.«

»Ach, gehen Sie mir weg«, fuhr ihn Virchow an. »Ihr Humanitätsgott ist noch weniger reell als der blonde Jesus. Die Religionen unseres Jahrhunderts sind eine soziale Gefahr. Fragen Sie Herrn v. Giers, der Ihnen lächelnd zuhört, ob die neugebildeten Sekten in Russland wie in den Vereinigten Staaten nicht mit Sozialismus und Kommunismus infiziert sind? Ich anerkenne die Notwendigkeit einer Religion, gerade weil ich Materialist bin; ich gebe auch zu, dass das Christentum, das noch famose Dienste bei den Buschmännern und Papuas tut, für Europa etwas altmodisch ist. Aber wenn wir eine Religion haben müssen, so nehmen wir uns in Acht, dass sie kein einfaches Plagiat des Katholizismus ist, und dass sie nichts, was nach Sozialismus riecht, an sich hat.«

»Warum«, unterbrach ihn Herr Professor Hänel aus Kiel, glücklich, auch ein Wort an den Mann bringen zu können, »warum nicht die theologischen Tugendideale durch die liberalen Idealbegriffe ersetzen? Statt Glaube, Hoffnung, Liebe setze man Freiheit, Gleichheit, Brüderlichkeit. Man könnte noch eine vierte hinzusetzen: Vaterland.«

»Diese Idealbegriffe sind in der Tat die herrlichste Entdeckung unserer Zeit«, nahm jetzt Herr v. Giers das Wort. »Sie haben in England, in Frankreich, in Amerika, mit einem Wort, überall, wo man sie anwandte, um die Massen zu leiten, vortreffliche Dienste getan; wir werden uns ihrer eines Tages auch in Russland bedienen. Sie, meine Herren Westeuropäer, haben uns die Kunst gelehrt, die Massen im Namen der Freiheit zu unterdrücken, im Namen der Gleichheit auszubeuten und im Namen der Brüderlichkeit niederzuschießen. – Sie sind große Meister. Aber diese theologiegemäßen Ideale genügen allein noch nicht, um eine neue Religion zu bilden. Es bleibt noch der höchste Gott zu suchen.«

»Die einzige Religion, die den Bedürfnissen der Jetztzeit entspricht, ist die Religion des Kapitals«, – erklärte mit Nachdruck der berühmte Statistiker Giffen. »Das Kapital ist der wirkliche allmächtige Gott, der sich in jeder Gestalt offenbart: es ist glänzendes Gold und stinkender Guano, Hammelherden und Kaffeeladungen, Lager heiliger Schriften und Ballen pornographischer Bilder, gigantische Maschinen aus härtestem Stahl und elegante Päckchen ›Gummiartikel‹. Das Kapital ist der Gott, den alle Welt kennt, sieht, fühlt, riecht, schmeckt: er existiert für alle unsere Sinne. Er ist der einzige Gott, der noch auf keinen Atheisten gestoßen ist. Der Prediger Salomo betete ihn an, als alles ihm eitel erschien, Schopenhauer entdeckte berauschende Reize an ihm, als ihm alles Enttäuschung war, und Eduard von Hartmann, der deutsche unbewusste Philosoph, ist ihm gegenüber zum bewussten Schriftgläubigen geworden.«

Bleichröder, Gould, Baring, Hope, Rothschild, Worms, alle beschnittenen Christen und unbeschnittenen Juden der goldenen Internationale klatschten in die Hände und riefen: »Giffen hat Recht, das Kapital ist Gott, der einzige, lebendige Gott!«

Als die Begeisterung sich endlich gelegt, fuhr Giffen fort: »Den einen verkündet es seine Anwesenheit in fürchterlicher Weise, den andern zart wie eine liebevolle junge Mutter. Wenn das Kapital eine Nation heimsucht, so ist es, als ob ein Orkan auf sie herniederführe, der alles vernichtet und zerstört, was ihm im Wege steht – Menschen wie Tiere, Lebendes wie Totes. Als sich das europäische Kapital in Ägypten niederließ, da ergriff es die Fellahs mit ihrem Zugvieh, ihren Karren und ihren Hacken und versetzte sie, als wären es Strohhalme, nach der Landenge von Suez. Mit seiner eisernen Hand beugte es sie unter das Joch der Fronarbeit – und, verbrannt von der Sonne, gequält von Hunger und Durst, dem Fieber verfallen, besäten 30.000 mit ihren Knochen die Ufer des Kanals. Das Kapital ergreift den freien und gesunden, kräftigen und heiteren Menschen und sperrt ihn zu Hunderttausenden in die Fabriken, in Spinnereien und Bergwerke. Es pumpt ihnen dort das Blut aus – wenn es sie loslässt, sind sie vorzeitig gealtert, skrofulös, blutarm, schwindsüchtig. Die in Bezug auf das Ungeheuerliche so fruchtbare menschliche Einbildungskraft hat nie einen Gott zu ersinnen vermocht, der so grausam, so gewaltig, wenn er zürnt. Aber wie vorsorglich und liebevoll ist er gegen seine Erwählten! Für die Lieblinge des Kapitals kann die Erde nicht genug angenehme Dinge hervorbringen. Jeden Tag erfindet es neue Genüsse für sie; es produziert neue Blumen und neue Früchte, es ersinnt neue Gerichte, um ihren übersättigten Gaumen zu reizen, es verschafft ihnen blühende Kinder, um ihre erschlafften Sinne zu stacheln. Tote und lebende Gegenstände – alles gehört ihnen.«

Und der Kardinal Manning und der Pessimist Hartmann und Virchow und Häckel und Spencer und Chamberlain – alle applaudierten: »Das Kapital ist Gott.«

»Das Kapital kennt weder Grenzen noch Nationalitäten, weder Rassen noch Geschlechter, es ist der internationale Gott, der Gott aller; er wird die Kinder der Menschen unter sein Gesetz beugen«, rief begeistert der päpstliche Legat. »Brechen wir mit allen Religionen der Vergangenheit, vergessen wir allen Hader, alle unsere Differenzen! Einigen wir uns in Herz und Geist, um die Dogmen des neuen Glaubens auszuarbeiten: der Religion des Kapitals.«

Der Kongress, der in der Weltgeschichte epochemachend sein wird wie die großen Konzilien, auf denen die katholische Religion ausgearbeitet wurde, tagte zehn Tage; er beauftragte eine Kommission, aus Vertretern aller Nationalitäten bestehend, die

Protokolle zu redigieren und die entwickelten Ansichten und Ideen zu einem Lehrsystem auszuarbeiten. Es ist uns gelungen, verschiedene Arbeiten dieser Kommission zu beschaffen, die wir hiermit der Öffentlichkeit übergeben.

II.
Katechismus des Arbeiters

Wie heißt du?
Lohnarbeiter.
Wer sind deine Eltern?
Mein Vater war Lohnarbeiter, mein Großvater auch, und mein Urgroßvater ebenso. Aber meine Vorväter waren Leibeigene und Sklaven. Meine Mutter heißt Armut.
Wo bist du geboren?
In einer Mansarde unter dem Dachstuhl eines Hauses, das mein Vater und seine Kameraden gebaut haben.
Was ist deine Religion?
Die Religion des Kapitals.
Welche Pflichten legt dir deine Religion auf?
Zwei hauptsächlich: die Pflicht der Entsagung und die Pflicht der Arbeit. Meine Religion gebietet mir, meinen Rechten zu entsagen auf Eigentum an der Erde, unserer gemeinsamen Mutter, an den Reichtümern ihres Innern, an dem Ertrag ihrer Oberfläche, an ihrer wunderbaren Befruchtung durch Sonnenlicht und -wärme; sie gebietet mir, meinen Rechten zu entsagen auf Eigentum an dem Produkt der Arbeit meiner Hände und meines Gehirns. Meine Religion gebietet mir, von Kindheit an bis zu meinem Tode zu arbeiten – beim Sonnenlicht und beim Licht des Gases oder der Elektrizität, Tag und Nacht; zu arbeiten auf der Erde, unter der Erde und auf dem Meere, immerdar und überall.
Legt dir deine Religion noch andere Pflichten auf?
In Entbehrungen zu leben. Meinen Hunger nur zur Hälfte zu stillen, alle meine fleischlichen Bedürfnisse einzuschränken und alle meine geistigen Bestrebungen zu unterdrücken.

Verbietet dir deine Religion gewisse Nahrung?

Sie verbietet mir, Wildbret, Geflügel, Rindfleisch erster, zweiter oder dritter Qualität zu berühren, Lachs, Hummer oder feinere Fischsorten zu kosten; sie verbietet mir, Naturweine zu trinken oder Branntwein aus Wein gebrannt, sowie Milch, wie sie von der Kuh kommt.

Was für Nahrung erlaubt sie dir?

Brot, Kartoffeln, Bohnen, Hering, Kuh- und Pferdefleisch, Fleischereiabfälle und ordinäre Wurstware. Damit ich meine erschöpften Kräfte schnell wieder hebe, erlaubt sie mir, gefälschten Wein, Kartoffelschnaps oder Rachenputzer zu trinken.

Welche Pflichten gegen dich selbst legt dir deine Religion auf?

Meine Ausgaben einzuschränken, eng und dürftig zu wohnen, zerrissene, zerstückelte und geflickte Kleider zu tragen und sie abzunutzen, bis sie fadenscheinig mir in Fetzen vom Leib fallen. Ohne Strümpfe in zerrissenen Schuhen zu laufen, durch deren Löcher das eiskalte, schmutzige Wasser der Straße dringt.

Welche Pflichten gegen deine Familie legt sie dir auf?

Meiner Frau und meinen Töchtern jede Koketterie, jede Eleganz und jeden Geschmack zu untersagen, sie in gewöhnliche Stoffe so zu kleiden, dass es genügt, um das Schamgefühl der Straßenpolizei nicht zu verletzen. Sie zu lehren, wie man im Winter in Kattunfahnen nicht zittert und im Sommer in Dachstuben unter Zinkdächern nicht unter den glühenden Strahlen der Hundstagssonne erstickt. Meinen Kleinen die heiligen Prinzipien der Arbeit einzuprägen, damit sie von frühester Jugend an ihren Unterhalt verdienen und nicht der Gesellschaft zur Last fallen; sie zu lehren, ohne Licht und ohne Abendessen schlafen zu gehen, und sie an das Elend zu gewöhnen, welches ihr Los im Leben ist.

Welche Pflichten gegen die Gesellschaft legt sie dir auf?

Den Nationalreichtum zu vermehren. Erstens durch meine Arbeit und zweitens durch meine Ersparnisse, sobald ich mir solche machen kann.

Was gebietet sie dir, mit deinen Ersparnissen zu tun?

Sie in der Staatssparkasse zu deponieren, damit sie dazu dienen, das Staatsbudget ins Gleichgewicht zu bringen[2], sie den von menschenfreundlichen Finanziers gegründeten Gesellschaften anzuvertrauen, damit diese sie an unsere Prinzipale leihen. Wir müssen unsere Ersparnisse stets zur Verfügung unserer Herren halten.

Erlaubt dir deine Religion, deine Ersparnisse anzurühren?

So selten wie möglich; aber sie empfiehlt uns, nicht darauf zu bestehen, wenn der Staat die Rückzahlung verweigert[3] und ruhig Verzicht zu leisten, wenn die menschenfreundlichen Finanziers in weiser Voraussicht unseren Forderungen zuvorgekommen sind und uns mitteilen, dass unsere Ersparnisse in Rauch aufgegangen sind.

Hast du politische Rechte?

Das Kapital gewährt mir das unschuldige Vergnügen, die Gesetzgeber zu wählen, die die Gesetze schmieden, mit denen sie uns strafen; aber es verbietet uns, uns mit Politik zu beschäftigen und die Sozialisten anzuhören.

Warum?

Weil die Politik das Vorrecht der Bosse ist, weil die Sozialisten Gauner sind, die uns ausplündern und betrügen. Sie sagen uns, dass wer nicht arbeitet, auch nicht essen soll, dass alles den Lohnarbeitern gehört, weil sie alles produziert haben, dass der Unternehmer ein Schmarotzer ist, den man abschaffen muss. Die heilige Religion des Kapitals dagegen lehrt uns, dass die Verschwendung der Reichen die Arbeit schafft, die uns zu essen gibt, dass die Reichen den Armen Unterhalt geben, dass die Armen zugrunde gingen, wenn es keine Reichen mehr gäbe. Sie lehrt uns, nicht so dumm zu sein zu glauben, dass unsere Frauen und Töchter, die sich nur mit schlechten Baumwollstoffen schmücken wollen, die Seiden- und Samtstoffe, die sie weben, selbst tragen könnten, dass wir unverfälschten Wein trinken und gutes Fleisch essen könnten, da wir kranke Kühe und verfälschte Getränke gewohnt sind.

Wer ist dein Gott?

Das Kapital.

Existiert er von Ewigkeit an?

Unsere gelehrtesten Priester, die offiziellen Ökonomen, sagen, dass er von Anfang der Welt an existiert; damals war er indes noch ganz klein, daher eigneten sich Jupiter, Jehova, Jesus und die anderen Götter seinen Thron widerrechtlich an. Aber ungefähr seit dem Jahre 1500 wurde er von Tag zu Tag größer an Macht und Herrlichkeit, und heute lenkt er die Welt nach seinem Willen.

Ist dein Gott allmächtig?

Ja. Seine Gnade verleiht alle Genüsse der Erde. Wenn er sein Antlitz von einem Menschen, einer Familie, einem Lande abwendet, so müssen sie in Kummer und Elend ihr Dasein fristen. Die Macht des Gottes Kapital wächst mit dem Umfang seiner Masse: täglich erobert er neue Länder, täglich vergrößert er die Schar seiner Diener, die ihr Leben der Aufgabe weihen, seine Masse zu vermehren.

Welches sind die Auserwählten deines Gottes?

Die Kapitalisten – Kaufleute, Fabrikanten sowie Rentiers.

Wie belohnt dein Gott dich?

Indem er mir, meiner Frau und meinen Kindern bis zum Kleinsten täglich zu arbeiten gibt.

Ist das deine einzige Belohnung?

Nein. Unser Gott gestattet uns auch, unsern Hunger dadurch zu stillen, dass wir vor den Schaufenstern mit den Augen die herrlichsten Braten und Delikatessen verschlingen, die wir nie gekostet haben, nie kosten werden, weil sie nur da sind zur Nahrung für die Auserwählten und die heiligen Priester. Seine Güte erlaubt uns auch, unsere vor Kälte erstarrten Gliedmaßen dadurch zu erwärmen, dass wir die molligen Pelzwaren und die dicken Tuchsachen bewundern, in welche sich die Auserwählten und die Priester allein hüllen dürfen. Sie gewährt uns auch das überaus hohe Vergnügen, auf den Hauptstraßen und Luxusplätzen unsere Augen an dem Anblick der heiligen Schar der Kapitalisten und Rentiers zu weiden, wie sie dick und fett, galonierte Lakaien hinter sich und bemalte Horizontalen neben sich, in glänzenden Karossen vorüberfahren.

Gehören die Auserwählten einer anderen Rasse an als du?

Fabrikanten und Rentiers sind vom selben Ton geknetet wie ich; aber sie sind auserwählt unter Tausenden und Millionen.

Was haben sie getan, um diese Erhöhung zu verdienen?

Nichts. Unser Gott bekundet seine Allmacht, indem er seine Gunst denen zuwendet, die sie nicht verdient haben.

Dein Gott ist also ungerecht?

Das Kapital ist die Gerechtigkeit selbst; seine Gerechtigkeit geht über unsern schwachen Verstand hinaus. Das Kapital ist allmächtig; wenn es gezwungen wäre, seine Gnade denen zu spenden, die sie verdienen, würde es geschwächt werden, denn dann würde seine Macht Grenzen haben. Es kann dieselbe daher nicht besser beweisen, als dass es seine Lieblinge aus dem Haufen der Tagediebe und Faulenzer auserwählt.

Wie bestraft dich dein Gott?

Indem er mich zur Arbeitslosigkeit verurteilt. Dann bin ich

exkommuniziert; ich weiß nicht, was essen, wo schlafen, und muss mit den Meinen in Hunger und Elend umkommen.

Welche Sünden musst du begehen, um dir diese Exkommunikation zuzuziehen?

Keine, das Kapital wirft mich außer Arbeit, wenn es ihm beliebt.

Welches sind die Gebete deiner Religion?

Ich bete nicht mit Worten. Mein Gebet ist die Arbeit. Jedes Sprechen eines Gebetes würde mein wirkliches Gebet, die Arbeit, stören. Sie ist das einzige Gebet, das wohlgefällt, denn sie ist das einzige, das dem Kapital nutzt und Mehrwert schafft.

Wo betest du?

Überall. Auf dem Felde und in der Werkstatt, im Atelier und in der Fabrik, auf dem Meere und unter der Erde. Damit unser Gebet gnädig erhört werde, müssen wir unsere Freiheit, unsere Würde, unseren Willen zu den Füßen des Kapitals niederlegen. Auf den Ton der Glocke, auf den Pfiff der Maschine müssen wir herbeieilen und, einmal beim Gebet, gleich Automaten Arme und Beine, Hände und Füße in Bewegung setzen, schnaufen und schwitzen, unsere Muskeln spannen und unsere Nerven erschöpfen. In unseren Gebetsstätten müssen wir demütigen Geistes sein und geduldig die Wutausbrüche und Schimpfereien von Prinzipal und Werkführer ertragen, denn sie haben immer Recht. Wir dürfen uns nie beklagen, wenn der Prinzipal unseren Lohn herabsetzt und die Arbeitszeit erhöht, denn alles, was er tut, ist recht und geschieht zu unserem Besten. Wir müssen es als eine Ehre betrachten, wenn Prinzipal und Werkführer mit unseren Frauen und Töchtern schäkern. Ehe wir je eine Klage unseren Lippen entweichen, ehe wir unser Blut in Wallung geraten lassen, ehe wir je zum Streik uns entschließen, müssen wir lieber alle Leiden auf uns nehmen, unser Brot mit Speichel bedeckt hinunterwürgen, mit Dreck verunreinigtes Wasser trinken. Denn für den Fall, dass wir uns vermessen, dies nicht in Ordnung zu finden, hat das Kapital unseren Herren Gefängnisse und Zuchthäuser, den Säbel, der haut, und die Flinte, die schießt, Henkerbeil und Kanonen zur Verfügung gestellt. Es lässt uns hinter Schloss und Riegel stecken, wenn wir murren, und alles über den Haufen schießen, was sich wider die Anordnungen auflehnt, die es uns durch den Mund seiner Beamten und Priester verkündet.

Wirst du nach dem Tode eine Belohnung empfangen?

Eine sehr große. Nach dem Tode erlaubt mir das Kapital, mich niederzulegen und mich zu erquicken. Ich habe dann weder von Hunger noch von Kälte zu leiden, weder für heute noch für morgen um Nahrung zu bangen. Ich genieße dann die ewige Ruhe des Grabes.

III.
Die Predigt der Kurtisane

Das Manuskript ist nur unvollständig in meinen Besitz gelangt, die ersten drei Blätter fehlen. In der Form einer Einleitung sollen sie eine Anrufung des Gottes Kapital enthalten, der diejenigen erhöht, die da verachtet werden. Da ich es mir zum Grundsatz gemacht, nur als Kopist zu fungieren, so unterlasse ich jeden Versuch einer Vervollständigung. Randnoten lassen vermuten, dass der Verfasser der Predigt, der päpstliche Legat, zur Mitarbeiterschaft den Prinzen von Wales hinzugezogen hat, sowie zwei weltbekannte Industrielle, die Herren Bonnet und Herzog jun., und die berühmte Cora Pearl, diese gefeierte Kurtisane, die sich rühmt, die ganze kosmopolitische Genusswelt von Paris in ihrem Bett gesehen zu haben.

… Die Menschen, die in der Finsternis des Daseins umhertappen und nur das flimmernde Licht der blöden Vernunft als Leitstern nehmen, spotten und schimpfen über die Kurtisane. Sie stellen sie an den moralischen Pranger, sie schlagen ihr ihre eigenen Paradetugenden um die Ohren, sie stacheln zu Hass und Entrüstung wider sie auf. Sie ist die Sklavin des Bösen und die Königin der Verruchtheit, die Zwinge in der Daumenschraube. Sie demoralisiert die blühende Jugend, sie entehrt die weißen Haare des Alters, sie entführt der Gattin den Gatten und saugt aus seinen verhexten und unersättlich gierigen Lippen das Glück, die Ehre und den Wohlstand seiner Familie.

O meine Schwestern! Brutale Wut und niedriger Neid haben mit bitterer Galle das edle Bild der Kurtisane besudelt, trotzdem der letzte der falschen Götter, Jesus von Nazareth, eine Maria Magdalena der Schmach der Menschen entrissen und in sein Paradies versetzt hat neben die Heiligen und Seligen.

Die Götter, die nacheinander den Himmel bewohnt, und die Religionen, die sich die Herrschaft auf Erden streitig gemacht, ehe das Kapital, der wahre Gott, gekommen, haben alle die Kurtisanen hochgeehrt. In der Gesellschaft des Altertums war sie die einzige Frau, der man erlaubte, von der Frucht des Baumes der Erkenntnis zu naschen. Die große babylonische Göttin Mylitta, die »geschickte Zauberin«, die »verführerische Prostituierte«, wollte mittels der Prostitution verehrt werden. Als Buddha nach Vaishali kam, kehrte er bei der ersten Kurtisane des Ortes ein, vor der sich die Behörden in ihren Feiertagsgewändern aufstellten. Der finstere Gott Jehova beherbergte Kurtisanen in seinem Tempel.[4]

Die Menschen der ersten Gesellschaften, die der Glaube erleuchtete, versetzten die Kurtisane unter die Götter; sie stellte die Kraft der ewigen Natur dar, die da erschafft und zerstört.

Die Kirchenväter des Katholizismus, der die Menschheit in ihrer Kindheit jahrhundertelang mit seinen Märchen unterhielt, suchten die göttliche Eingebung in der heiligen Gesellschaft von Kurtisanen. Wenn der unfehlbare Papst seine Priester und Bischöfe zu einem Konzil zusammenrief, um über ein Glaubensdogma zu beraten, so strömten, geleitet von der Hand Gottes, die Kurtisanen aus allen Ländern der Christenheit herbei; sie brachten den heiligen Geist hin, sie erleuchteten den Verstand der Schriftgelehrten. Der Gott des Christentums legte die Macht, Päpste, seine Statthalter auf Erden, ein- und abzusetzen, in die Hände der Theodora, der kaiserlichen Kurtisane.

Das Kapital, unser Herr, weist den Kurtisanen einen noch höheren Platz an. Nicht hinfällige und stupide Päpste sind es mehr, denen sie kommandiert, sondern Tausende junger und kräftiger Arbeiter, Meister aller Wissenschaften und Schöpfer aller Erzeugnisse der menschlichen Kunst: sie weben, sticken, nähen, sie bearbeiten das Holz, das Silber, das Gold, sie schleifen Diamanten, sie suchen auf dem Meeresgrund Korallen und Perlen, ziehen im Winter die Blumen des Frühjahrs und die Früchte des Herbstes; sie erbauen Paläste, schmücken ihre Wände, bemalen Leinwand, erfinden Romane und Dramen, Opern und Ballette, spielen und tanzen, um die Wünsche der Kurtisane zu befriedigen.

Nie hatte Kleopatra, nie Semiramis ein so zahlreiches Heer von Arbeitern aller Berufe, aller Kunstzweige zur Erfüllung ihrer Launen zur Verfügung. Die Kurtisane ist die Königin der Zivilisation, und sie wird so lange über der Menschheit thronen, als das Kapital der souveräne Herrscher über Menschen und Dinge ist.

Wenn die beschränkte Vernunft die Menschen nicht verdummt hätte, wenn der wahre Glaube die Tore ihres Verstandes geöffnet hätte, so würden sie einsehen, dass in den Händen Gottes die Kurtisane ein Faktor wird, der die Völker aufrüttelt und die Gesellschaften umgestaltet.

Zu Zeiten des Mittelalters, damals, als das Kapital, unser Herr, noch dem Kinde gleich, das in der Mutter Schoß sich regt, erst in den Tiefen des Wirtschaftslebens geheimnisvoll zu keimen begann, als kein Mund seine Geburt verkündete, als die Menschen noch keine blasse Ahnung hatten von dem Nahen des wahren Gottes, damals begann trotzdem das Kapital bereits die Handlungen der Menschen zu leiten. Es hauchte in den Geist der Christen Europas den wilden Taumel ein, der sie in Heeren, enger geschart als Ameisentrupps, auf die Straßen nach Asien trieb. Zu jener Zeit waren die Führer der Menschen plumpe Feudalherren, die in ihren Rüstungen lebten wie Hummer in ihrer Schale, die sich von grobem Fleisch und schweren Getränken ernährten, kein anderes Vergnügen schätzten als Lanzenstechen, keinen anderen Luxus kannten als ein wohlgehärtetes Schwert. Unser Gott musste sich auf das Niveau der bleiernen Intelligenz dieser Viehnaturen herablassen, um sie in Bewegung zu setzen. Er pflanzte ihnen die Idee ein, das Kreuz zu nehmen, nach Palästina zu ziehen und die Steine eines Grabes zu befreien, das nie existiert hatte. Aber der himmlische Plan Gottes war, sie zu den Füßen der Kurtisanen des Orients zu führen, sie in Luxus und Wohlgenuss zu berauschen, in ihren Herzen die göttliche Leidenschaft, die Liebe zum Gold zu nähren.

Als sie in ihre düsteren Behausungen zurückkehrten, die Sinne noch verwirrt vom Glanz der Feste, von den Wohlgerüchen Arabiens und den Küssen der glatten Kurtisanen, da bekamen sie einen Ekel vor ihren linkischen und behaarten Weibern, die nur spinnen und Kinder gebären konnten, sie erröteten über ihr Barbarentum, sie erbauten die Städte des Mittelmeeres, sie riefen die königlichen und herrschaftlichen Höfe ins Leben, und bereiteten so die Ankunft des Gott-Kapitals vor.

Ich sage es euch aufrichtig, die Kurtisane ist unserem Gott teurer als dem Finanzmann das Geld des Aktionärs. Sie ist seine heißgeliebte Tochter, von allen Frauen diejenige, die am gelehrigsten seinem Willen gehorcht. Die Kurtisane handelt mit dem, was man weder wägen noch messen kann, mit der immateriellen Sache, der die geheiligten Regeln des Tausches nichts ankönnen; sie verkauft die Liebe, wie der Krämer Seife und Talg verschleißt, wie der Dichter Verse losschlägt. Aber indem sie die Liebe verkauft, verkauft die Kurtisane sich selbst, gibt sie ihrer Persönlichkeit einen wirtschaftlichen, einen Marktwert. Der Körper der Kurtisane nimmt damit an den Eigenschaften unseres Gottes teil; er wird ein Stück Gott, er wird Kapital. Die Kurtisane ist die Menschwerdung Gottes.

O über eure Taubenklugheit, ihr Dichter und Romanciers, die ihr die Kurtisane herunterreißt, weil sie ihren Körper nur gegen Bezahlung hingibt! Die ihr sie mit Schmutz bewerft, weil sie ihre Reize in schwerem Gelde taxiert. Ihr wollt wohl, dass sie das Göttliche, was ihr Körper birgt, profaniert, dass sie es so gemein macht als Steine am Wege? O ihr Moralisten, ihr Brutanstalten für alle Laster, ihr scheltet sie Verbrecherin, weil sie das blinkende Gold dem liebeglühenden Herzen vorzieht! Stumpfsinnige Philosophen, die ihr seid, ihr haltet die Kurtisane wohl für einen Sperber, der sich mit zuckendem Fleisch vollstopft? Glaubt ihr in eurem reizenden Geiz etwa, dass die Kurtisane weniger begehrenswert ist, weil sie gekauft werden muss? Muss man nicht auch das Brot kaufen, das unser Leben erhält, den Wein, der uns die Sorgen vergessen macht? Kauft man nicht auch das Gewissen der Volksvertreter, die Kenntnisse des Ingenieurs, die Ehrlichkeit des Kassierers?

Aber die Kurtisane, die die Gnade Gottes, des Kapitals, zu verdienen sucht, verstopft sich die Ohren bei euren Reden, die noch weniger angehört werden als das Geschrei der Gänse, wenn sie gerupft werden; sie umgibt ihre Seele mit einer eisigen Hülle, die das Feuer keiner Liebe schmelzen kann. Denn wehe, dreimal wehe der Kurtisane, die da liebt, die da empfindet! Gott wendet sein Antlitz von ihr ab. Wenn ihr Herz ergriffen wird, wenn ihre Sinne dem Käufer von Liebe sprechen, so findet der, der auf den Geliebten des Herzens folgt, nur noch einen erschöpften, verbrauchten Körper.

Die Kurtisane muss sich mit anziehender Kälte wappnen. An dem Marmor ihres Körpers, der nichts von Leidenschaft fühlt, muss der Käufer seine brennenden Lippen erschöpfen, ohne dessen Frische zu beeinträchtigen. Nicht das Feuer ihrer Küsse und die Glut ihrer Umarmungen, sondern die fieberne Hitze des eigenen Blutes muss ihn berauschen. Während er in ihren Armen seinen Körper zugrunde richtet, denkt ihre freie Seele an das Geld, das sie zu verlangen hat. Die Kurtisane betrügt den, der sie kauft; sie nötigt ihn, das Vergnügen mit Gold aufzuwiegen, das er selbst mitbringt. Und weil sie ihre Liebesware fälscht, segnet sie unser Gott, denn die Fälschung gilt ihm als religiöse Tugend.

Frauen, die ihr mich anhört, ich habe euch das mystische Geheimnis der rätselhaften Kälte der Kurtisane enthüllt!

So lädt die marmorne Kurtisane die gesamte Klasse der Auserwählten des Kapitals zum Gastmahl an ihrem Körper ein und spricht zu ihnen: »Esset und trinket, dies ist mein Leib, dies ist mein Blut!«

Sie ist die Erzieherin, welche Gott den Söhnen seiner Auserwählten sendet. Sie unterrichtet sie in dem gelehrten Raffinement des Luxus und der Wollust.

Sie ist die Trösterin, die Gott seinen Auserwählten zuerteilt. Bei ihr vergessen sie ihre legitimen Frauen, die so langweilig sind wie ein Landregen im Herbst.

Die treue Gattin und gute Hausfrau, welche von den Männern von Welt ebenso eifrig gepriesen wie allein zu Hause gelassen wird, isoliert den Mann von seinesgleichen und entwickelt in ihm die Eifersucht, diese antisoziale Leidenschaft, sie macht ihn zum Gefangenen des häuslichen Herdes, des Familienegoismus. Viel schöner ist dagegen die Rolle der Kurtisane: Wenn das Geld die Menschen trennt, so führt sie sie wieder zusammen. Leute, deren Interessen sich feindlich gegenüberstehen, fraternisieren in ihrem Boudoir; ein geheimer, unerklärlicher, aber tiefer und unwiderruflicher Pakt bindet sie, sie haben von ein und derselben Kurtisane gegessen und getrunken, sie haben vom selben Altar das Abendmahl genossen.

Mit mehr Kraft als die Gärstoffe den jungen Wein zum Gären, treibt die Kurtisane den Reichtum in einen schwindelnden Wirbel. Sie reißt selbst fest angelegte Vermögen in den lustigen Tanz der Millionen; in ihren kalten und nachlässigen Fingern zerfließen Bergwerke, Fabriken, Banken, Staatspapiere, Weinberge, Getreideländereien und Wälder wie Schnee in der Sonne, und strömen in die tausend Kanäle des Handels und der Industrie. Ein dichter Schwarm von Dienern, von Händlern und Wucherern umlagert sie, gleich Würmern, die das Aas anzieht; sie haben unergründliche Taschen, um den Goldregen aufzufangen, der sich ergießt, wenn sie ihr Kleid aufschürzt. Ein Muster von Selbstlosigkeit, ruiniert die Kurtisane ihre Liebhaber zugunsten von Dienern und Lieferanten, die sie wiederum betrügen. Und unter ihnen sucht sich Gott Kapital mit Vorliebe seine Auserwählten.

Die Künstler und Gewerbeleute würden im Fett ihrer Mittelmäßigkeit ersticken, wenn die Kurtisane sie nicht zwänge, ihr Gehirn anzustrengen und immer neue Genüsse, immer neue, nie zuvor gekannte Nichtigkeiten zu ersinnen. Denn in ihrem Durst nach dem Ideal hat die Kurtisane das, was sie besitzt, nur, um einen Ekel davor zu bekommen, kostet sie ein Vergnügen nur, um seiner überdrüssig zu werden.

Die arbeitssparende Maschine würde die arbeitenden Klassen zum Müßiggang, diesem Urheber aller Lasten, verurteilen, aber die Kurtisane erhebt die Verschwendung zur Höhe einer sozialen Tugend und steigert ihren Luxus und ihre Ansprüche in dem Maße, wie die gewerbliche Technik fortschreitet, auf dass es den Verdammten des Proletariats nicht an Arbeit, dieser Mutter aller Tugenden, mangle.

Die Kurtisane, welche mehr Vermögen verschlingt und mehr Produkte zerstört als eine Armee im Felde, ist dem Gott

Kapital am liebsten; die Fabrik- und Handelsherren beten sie an, sie ist der Schutzgeist, der Handel und Gewerbe belebt und kräftigt. Aber Fluch der verliebten Kurtisane, der »Kameliendame«, die sich hingibt, aber sich nicht verkauft! Gott erweckt, hetzt und schleudert gegen sie alle niedrigen und missgünstigen Leidenschaften, die in den Herzen der Männer und Frauen gären. Verflucht die Dirnen, die sich für einige Mark, für einige Nickel dem Arbeiter oder dem Soldaten verkaufen! Gott, furchtbarer als die Pest, martert diese Fledermäuse der Venus ohne Erbarmen. Er vergiftet ihren Körper, er liefert sie den Zuhältern der Gosse aus, die sie schlagen und ausplündern, er unterstellt sie, gleich dem angefaulten Marktfleisch, der entehrendsten Polizeikontrolle.

Höher und reiner als die falschen Religionen der Vergangenheit, verzichtet die Religion des Kapitals darauf, die Gleichheit der Menschen zu verkünden – eine Minderheit, eine verschwindende Minderheit nur ist berufen, sich der Gunst des Kapitals zu erfreuen. Nicht mehr macht, wie in den Urzeiten, der Phallus die Menschen gleich. Nur für seine Auserwählten bewahrt Gott solche kostbaren und feinen Gaben von Natur und Kunst, wie die höhere Kurtisane.

Die Kurtisane, die Gott für die Reichen und Mächtigen aufzieht, bildet und pflegt, lebt herrlich und in Freuden. Respektable und respektierte Männer des Adels und der Bourgeoisie betteln um die Ehre, diejenige zur Frau in der Gesellschaft machen zu dürfen, die bis dahin Frau der Gesellschaft war – sie schließt die Serie ihrer tollen Hochzeiten mit einer Vernunftheirat. Im Frühling ihrer Jahre legen ihr die Reichen ihre Herzen, die sie verachtet, und ihre Schätze, die sie verschleudert, zu Füßen; Künstler und Literaten scharwenzeln um sie herum und schmeicheln ihr in unterwürfiger und platter Weise. Wenn sie im Herbst ihres Lebens, träg und fett geworden, das Geschäft schließt und »ein Haus macht«, so widmen ihr ernste Männer und sittsame Frauen ihre Pflege und Aufmerksamkeit, um das Glück zu ehren, das ihre geschlechtliche Arbeit belohnte.

Gott überhäuft die Kurtisane mit seinem Segen. Hat sie die Natur nicht mit Schönheit und Geist gesegnet, so stattet er sie mit Schick und Pikanterie, mit Rasse aus – Dinge, welche die erhabene Seele seiner Auserwählten bis zur Raserei hinreißen.

Gott schützt sie vor den Schwächen ihres Geschlechts. Die Rabenmutter Natur verurteilt die Frau zur harten Arbeit der Fortpflanzung der Art, aber die Schmerzen der mütterlichen Wehen suchen nur die Geliebten, nur die Gattinnen heim. Der Kurtisane erspart Gott die missgestaltende Schwangerschaft und die Qual des Gebärens, er verleiht ihr die so beneidete Gabe der Unfruchtbarkeit. Die Gattin, die Geliebte sind es, welche gezwungen sind, zur heiligen Maria zu beten und das heiße Gebet der Ehebrecherin an sie zu richten: »O heilige Jungfrau, die du empfangen hast, ohne zu sündigen, gib, dass ich sündige, ohne zu empfangen.« Die Kurtisane gehört dem dritten Geschlecht an – sie überlässt der gemeinen Frau das schmutzige und lästige Geschäft, die Menschheit fortzupflanzen.[5]

Bis jetzt rekrutierten sich die Kurtisanen der zivilisierten Gesellschaft gewöhnlich aus den ärmeren Kreisen – aber ist es nicht eine Schande, ist es nicht wahrhaft herzbrechend, sehen zu müssen, wie diejenigen, die einen so hohen Platz in der Gesellschaft einnehmen, aus dem Straßenkot aufgelesen werden?

O meine Zuhörerinnen, die ihr den höheren Klassen angehört, erinnert euch, wie einst der Adel Ludwig XV. Vorwürfe darüber machte, dass er seine Beischläferinnen aus dem Bürgerstand nahm! Reklamiert als eines eurer köstlichsten Privilegien das Recht, den Auserwählten des Kapitals Kurtisanen zu stellen!

Schon beginnt eine immer größere Zahl von euch, sich über die tristen Pflichten der Gattin hinwegzusetzen und sich gleich Kurtisanen zu verkaufen, aber sie tun es noch heimlich, heucheln noch dabei. Schüttelt das Joch der altmodischen, idiotenhaften Vorurteile, das höchstens für Sklavinnen passt, von euch ab, werft es zu Boden, tretet es mit Füßen. Gott-Kapital hat der Welt eine neue Moral gegeben, er hat das Dogma der menschlichen Freiheit proklamiert. Und wie erlangt man die Freiheit? Dadurch, dass man sich das Recht erobert, sie zu verkaufen! Befreit euch von dem Ehejoch, indem ihr euch verkauft!

In der kapitalistischen Gesellschaft gibt es keine ehrenvollere Beschäftigung als die der Kurtisane! Blickt um euch, betrachtet die Arbeit der Näherin, der Stickerin, der Spinnerin usw. und vergleicht mit derselben die der Kurtisane. Nach ihrem langen, eintönigen Arbeitstag seht ihr die Arbeiterin blass und abgerackert, einen dürftigen Lohn in der mageren Hand, der gerade hinreicht, sie am Verhungern zu hindern. Die Kurtisane dagegen erhebt sich frisch und munter, wie ein junger Gott, von ihrem Bett oder Kanapee, schüttelt ihr parfümiertes Lockenhaar und zählt nachlässig ihre Goldfüchse und Banknoten. Ihr breitgestirnten Philosophen, die ihr nur die alte abgelebte Moral wiederzukäuen wisst, sagt doch, welche Arbeit ist unserem Gott angenehmer: die der Arbeiterin oder die der Kurtisane? Das Kapital beweist seine Achtung vor einer Sache durch den Preis, um den es ihr gestattet, sich zu verkaufen. Nun, ihr scheinheiligen Moralpriester, welche Arbeit der Hand oder des Kopfes wird so hoch bezahlt wie die des Geschlechts? Sind das Wissen des Gelehrten, der Mut des Soldaten, der Geist des Schriftstellers, die Geschicklichkeit des Arbeiters je annähernd so hoch bezahlt worden wie die Umarmungen einer Cora Pearl?

Die Arbeit der Kurtisane ist eine geheiligte Arbeit, die Gott höher belohnt als jede andere.

Teuerste Schwestern, höret mich an, Gott spricht aus meinem Munde:

Wenn ihr so gottverlassen seid, die erdrückende, Geist und Körper abrackernde Arbeit der Fabriksklavin nicht zu verabscheuen, das vegetierende Dasein der in der Familie zu klösterlicher Haft und zur schmutzigen Sparsamkeit verdammten Hausfrau zu ersehnen, als Einsiedlerin am häuslichen Herd zu sitzen, während der Mann eure Mitgift zur Kurtisane schleppt, so prostituiert euch nicht!

Wenn ihr aber auf euer Glück sinnt, so prostituiert euch! Wenn ihr zu viel Adel der Seele in euch fühlt, um die erniedrigende Arbeit der Arbeiterin und das verdummende Dasein der Hausfrau auf euch zu nehmen, so prostituiert euch!

Wenn ihr die Königin der Feste und Freuden der Zivilisation sein wollt, so prostituiert euch!

Das ist die Gnade, die ich euch wünsche.

Amen!

IV.
Der Hohepriester
oder
Andachtsbüchlein des Unternehmers

Dieses Buch hat in den Händen mehrerer Kapitalisten zirkuliert und ist von ihnen mit Anmerkungen versehen worden. Hier einige derselben:

»Es ist anzunehmen, dass diese Vorschriften der göttlichen Weisheit von dem plumpen Begriffsvermögen der Lohnarbeiter falsch ausgelegt werden. Ich meine daher, dass man sie in Volapük oder irgendeine andere heilige Sprache übersetzen sollte.«

Unterzeichnet *Chagot*

»Man sollte sich die jüdischen Schriftgelehrten zum Vorbild nehmen, die den Laien die Lektüre des Hohepriesters Salomo untersagten, und das Andachtsbüchlein des Unternehmers nur Eingeweihten mitteilen, die mehr als eine Million Mark besitzen.«

Unterzeichnet *Bleichröder*

»Eine Million Mark scheint mir zu lumpig. Schlage eine Million Dollar vor.«

Unterzeichnet *Jay Gould*

1.
Die Natur des Gott-Kapitals

1.

Denke nach über die Worte des Kapitals, deines Gottes.

2.

Ich bin der menschenfressende Gott, ich setze mich in die Fabriken zu Tisch und verspeise die Lohnarbeiter. Ich verwandle ihre Substanz in göttliches Kapital. Ich bin das unendliche Rätsel: meine Substanz ist ewig und doch nur vergängliches Fleisch, meine Allmacht ist nichts als die Schwäche der Menschen. Die träge Kraft des Kapitals ist die Lebenskraft des Arbeiters.

3.

Ich bin die unermessliche Seele der zivilisierten Welt; mein Körper ist unendlich vielfach und mannigfaltig. Ich lebe und webe in allem, was da gekauft und verkauft wird. Ich wirke in jeder Ware, keine hat außerhalb meiner lebendigen Einheit eine eigene Existenz.

4.

Ich glänze im Gold und stinke im Mist, ich gäre im Wein und bin Gift im Vitriol. Ich lebe in allem.

5.

Der Mensch sieht, fühlt, riecht und schmeckt meinen Körper, aber mein Geist ist feiner als der Äther und unbegreiflich für die Sinne. Mein Geist ist Kredit. Er bedarf keines Körpers, um sich zu offenbaren.

6.

Ich belebe und verwandle alle Dinge. Als geschickter Chemiker verwandle ich weite Fluren, schweres Metall und große Herden in Aktien. Und leichter als Knallgasbläschen, wenn Elektrizität sie treibt, tanzen und hüpfen an der Börse, meinem Tempel, von Hand zu Hand Kanäle, Hochöfen, Fabriken und Bergwerke.

7.

In den Ländern, wo die Bank herrscht, geschieht nichts ohne mich. Ich befruchte die Arbeit, ich presse die unwiderstehlichen Kräfte der Natur in den Sklavendienst der Menschen und stelle ihm als mächtigen Hebel die Summe der erworbenen Wissenschaften zur Verfügung.

8.

Ich umgarne die menschlichen Gesellschaften mit dem goldenen Netz des Handels und der Industrie.

9.

Der Mensch, so er kein Kapital hat, wandelt nackt durch das Leben, umgeben von wilden Feinden, die ausgerüstet sind mit allen Waffen der Marterung und des Todes.

10.

Wenn er stark ist wie ein Stier, wird man die Last seiner Schultern vermehren, wenn er fleißig ist wie die Ameise, wird man sein Arbeitspensum verdoppeln.

11.

Was sind Wissenschaft, Arbeit und Tugend ohne Kapital? Eitelkeit und Jammer.

12.

Denn ohne die Gnade des Kapitals leitet die Wissenschaft den Menschen abseits in die Pfade des Wahnsinns, stürzen ihn Arbeit und Tugend in den Abgrund des Elends.

13.

Weder Wissenschaft noch Tugend, noch Arbeit befriedigen den Geist des Menschen wirklich. Ich bin es, das Kapital, das die hungrige Meute seiner Gelüste und seiner Leidenschaften befriedigt.

14.

Ich gebe mich hin und entziehe meine Gegenwart nach Wohlgefallen, ich lege keinerlei Rechenschaft ab. Ich bin der Allmächtige, der über die Dinge herrscht, so da belebt sind, und über die, so da unbelebt sind.

2.
Der Auserwählte des Kapitals

1.

Der Mensch, dieser verdorbene Haufen Erde, kommt nackt zur Welt, um, gleich einer Gliederpuppe in einen Kasten eingeschachtelt, unter der Erde zu faulen, und seine Asche düngt das Gras des Feldes.

2.

Und doch ist es dieser Sack voller stinkendem Mist, den ich auserkoren habe, mich zu vertreten. Mich, das Kapital, mich, das mächtigste Wesen unter der Sonne.

3.

Ich erwähle meinen Erkorenen weder um seiner Intelligenz, noch um seiner Schönheit, noch um seiner Jugend willen, sondern weil es mir gerade gefällt.

4.

Seine Dummheit, seine Laster, seine Hässlichkeit und sein Alter sind Beweise für meine unberechenbare Macht.

5.

Die Menschen finden die Albernheiten des Kapitalisten geistreich, sie versichern ihm, dass sein Genie der Wissenschaft der Pedanten nicht bedarf. Die Dichter bitten ihn, sie zu inspirieren, die Künstler erwarten auf den Knien seine Kritik, die Frauen schwören ihm, er sei ihr Ideal, die Philosophen deuten seine Laster zu Tugenden, und die Ökonomen entdecken, dass sein Nichtstun allein es ist, das alles in Bewegung setzt. Weil ich ihn zu meinem Auserwählten gemacht, erblicken sie alle im Kapitalisten die Verkörperung der Tugend, der Schönheit, des Genies.

6.

Eine Herde von Lohnarbeitern arbeitet für den Auserwählten, während er isst, trinkt, schäkert und schläft.

7.

Der Kapitalist arbeitet weder mit der Hand noch mit dem Kopf.

8.

Er hat Arbeitsvieh – Männer und Weiber – um das Land zu beackern, das Eisen zu schmieden, Stoffe zu weben; er hat Direktoren und Vormänner, um es zu regieren, er hat Gelehrte, um zu denken. Der Kapitalist weiht sich der Arbeit für die Latrine. Er isst und trinkt, um Dung zu produzieren.

9.

Ich überhäufe den Auserwählten mit beständigem Wohlbefinden. Denn was gibt es Besseres und Reelleres auf der Erde, als zu essen, zu trinken, zu schäkern und sich zu ergötzen? Der Rest ist nichts als Eitelkeit und Jammer.

10.

Ich lindere die Leiden aller Art, damit die Erde schön und angenehm für die Auserwählten sei.

11.

Das Gesicht hat sein Organ, der Geruch, das Gefühl, der Geschmack, das Gehör, die Liebe haben auch ihre Organe. Ich versage dem Auserwählten nichts, was seine Augen, sein Mund, sowie seine anderen Organe begehren.

12.

Die Tugend hat ein doppeltes Antlitz: die Tugend des Kapitalisten heißt Genießen, die Tugend des Arbeiters heißt Entbehren.

13.

Der Kapitalist nimmt auf Erden, was ihm gefällt, er ist der Herr. Wenn er der Frauen übersatt ist, lässt er seine Sinne durch halbreife Kinder reizen.

14.

Der Kapitalist ist das Gesetz. Die Gesetzgeber verfertigen Gesetze nach seinem Bedürfnis, die Philosophen passen die Moral seinen Sitten an. All sein Tun ist gerecht und gut. Jede Handlung, die seine Interessen verletzt, ist Verbrechen und wird bestraft.

15.
Ich behalte den Auserwählten ein Glück vor, das den Lohnarbeitern unbekannt bleibt. Profit zu machen ist die erhabenste Freude. Wenn der Auserwählte Profit einstreicht, so verliert er seine Mutter, seine Frau, seine Kinder, seinen Hund und seine Ehre und bewahrt doch seinen Gleichmut. Keinen Profit machen ist dagegen das nicht wieder gutzumachende Unglück, für das der Kapitalist keinen Trost kennt.

3.
Die Pflichten des Kapitalisten

1.
Viele sind berufen, aber wenige sind auserwählt. Mit jedem Tage vermindere ich die Zahl meiner Auserwählten.

2.
Ich gebe mich den Kapitalisten hin, ich verteile mich unter sie. Jeder Auserwählte erhält einen Teil des einzigen Kapitals, aber er behält es nur, wenn er es vermehrt, wenn er es Profite tragen macht. Das Kapital zieht sich zurück von dem, der seine Gesetze nicht erfüllt.

3.
Ich habe den Kapitalisten dazu erwählt, dass er Mehrwert herausschlage – seine Mission ist, Profite aufzuhäufen.

4.

Um frei und ungebunden sich dieser Jagd nach dem Profit hingeben zu können, entledigt sich der Kapitalist aller Freundschaftsbande. Wo es einen Gewinn einzustreichen gibt, kennt er weder Freund noch Bruder, noch Ehefrau, noch Mutter, noch Kinder.

5.

Er erhebt sich über jene nichtigen Abgrenzungen, welche den Haufen der Sterblichen in ein Vaterland, in eine Partei einpferchen. Noch bevor er Preuße oder Franzose, Russe oder Pole, Engländer oder Irländer ist, ist der Kapitalist vor allem eins: Ausbeuter. Er ist nur nebenbei Monarchist oder Republikaner, konservativ oder radikal, Gläubiger oder Freidenker. Das Gold hat eine Farbe, aber der Kapitalist hat dem Golde gegenüber keine Gesinnung.

6.

Der Kapitalist streicht mit demselben Gleichmut das mit Tränen benetzte, das mit Blut befleckte, das mit Kot beschmutzte Geld ein.

7.

Er bringt dem gemeinen Vorurteil kein Opfer. Er ist nicht Fabrikant, um gute Waren zu liefern, sondern um Waren zu fabrizieren, die fetten Verdienst bringen. Er gründet nicht Aktiengesellschaften, um Dividenden an die Aktionäre zu verteilen, sondern um ihre Kapitalien an sich zu bringen, auf die sie kein Recht haben. Denn der kleine Kapitalist ist verdammt, zu verschwinden, verschlungen zu werden vom großen Kapitalisten. Das ist das Gesetz des Kapitals.

8.

Wenn ich einen Menschen zur Würde des Kapitalisten erhebe, so übertrage ich damit auf ihn einen Teil meiner Allmacht über die Menschen und Dinge.

9.

Der Kapitalist darf sagen: Die Gesellschaft, das bin ich, die Moral, das ist mein Geschmack, das Gesetz, das sind meine Interessen.

10.

Wenn ein einziger Kapitalist in seinen Interessen verletzt wird, so leidet die ganze Gesellschaft. Denn die Unmöglichkeit, das Kapital zu vermehren, ist das größte aller Übel – das Übel, für das es keine Entschädigung gibt.

11.

Der Kapitalist lässt produzieren, aber er produziert nicht selber. Jede körperliche oder geistige Beschäftigung ist ihm untersagt. Sie würde ihn von seinem heiligen Berufe, der Vermehrung seiner Profite, ablenken.

12.

Der Kapitalist wird nicht zum metaphysischen Eichhörnchen, das sein Rad dreht und nur Wind mahlt.

13.

Er kümmert sich nur wenig darum, ob die Himmelschöre Gottes Ruhm verkünden; er stellt keine Untersuchungen darüber an, ob die Grille mit ihrem Hintern oder mit ihren Flügeln zirpt, oder ob die Ameise ein Kapitalist ist.[6]

14.

Er bekümmert sich weder um den Anfang, noch um das Ende der Dinge, aber er lässt sie Profit eintragen.

15.

Er lässt die von der Seuche der offiziellen Ökonomie Befallenen über Monometallismus und Bimetallismus deklamieren, aber er sackt ohne Unterschied alle Goldfüchse und Silberlinge ein, deren er habhaft werden kann.

16.

Er erlaubt den Gelehrten, die dazu gerade gut genug sind, den Naturerscheinungen auf den Grund zu gehen, und den Erfindern, auf die Anwendung der Naturkräfte in der Industrie zu sinnen. Aber er bemächtigt sich schleunigst ihrer Erfindungen, sobald sie ausbeutungsfähig sind.

17.

Er quält sein Hirn nicht ab mit der Untersuchung, ob das Schöne und das Gute ein und dasselbe seien, aber er leistet sich Trüffeln, die so gut zu essen sind, und hässlicher aussehen als der Abgang der Schweine.

18.

Er klatscht Beifall den Reden über die »ewigen Wahrheiten«, aber er verdient Geld mit den Fälschungen, wie sie der Tag mit sich bringt.

19.

Er spekuliert nicht über das Wesen der Tugend, des Gewissens und der Liebe, sondern über ihren Kauf und Verkauf.

20.

Er untersucht nicht, ob die Freiheit an sich ein Gut ist; er nimmt sich alle Freiheiten und lässt dem Arbeiter nur den Namen derselben.

21.

Er streitet nicht darüber, ob Recht vor Macht geht, denn er weiß, dass er alle Rechte hat, weil er das Kapital hat.

22.

Er ist weder für noch gegen das allgemeine Wahlrecht, weder für noch gegen das beschränkte Wahlrecht; er kauft die Wähler des beschränkten Wahlrechts und streut den Wählern des allgemeinen Wahlrechts Sand in die Augen. Im Ganzen ist er mehr für das allgemeine Wahlrecht, weil es billiger ist. Denn wo er beim beschränkten Wahlrecht die Wähler und den Gewählten kaufen müsste, braucht er beim allgemeinen Wahlrecht nur den Gewählten zu kaufen.

23.

Er mischt sich nicht in das Geschwätz über Freihandel und Protektionismus ein. Er fordert abwechselnd den Freihandel oder Schutzzölle, wie es gerade Vorteile für sein Geschäft und für ihn mit sich bringt.

24.

Er hat kein Prinzip, nicht einmal das, kein Prinzip zu haben.

25.

Der Kapitalist ist in meiner Hand eine eherne Rute, um die ungelehrige Herde der Lohnarbeiter zu lenken.

26.
Der Kapitalist erstickt in seinem Herzen jedes menschliche Gefühl, er kennt kein Erbarmen. Er behandelt seine Mitmenschen härter als sein Lastvieh. Männer, Frauen und Kinder sind für ihn nur Profiterzeugungsmaschinen. Er umgürtet sein Herz mit Eisen, auf dass seine Augen die Leiden der Arbeiter betrachten, seine Ohren ihren Wut- oder Schmerzensschrei vernehmen können, ohne dass es ihn rührt.

27.
Wie eine hydraulische Presse langsam sich senkt und die zu bearbeitende Fruchtmasse bis zur vollkommensten Austrocknung zusammendrückt, sie auf das kleinste Volumen reduziert, so presst und windet der Kapitalist den Arbeiter, bis er die Arbeit, welche den Muskeln desselben innewohnt, aus ihm herausgezogen hat. Jeden Tropfen Schweiß kristallisiert er zu Kapital. Wenn aber der Lohnarbeiter, abgenutzt und erschöpft, trotz allem Pressen keine Mehrwert erzeugende Mehrarbeit mehr liefert, so wirft der Kapitalist ihn fort, wie die Küchenabfälle auf die Straße.

28.
Der Kapitalist, der den Arbeiter schont, verrät mich und sich selbst.

29.
Der Kapitalist macht Männer, Frauen und Kinder zu Handelsartikeln, damit derjenige, der weder Talg, noch Wolle, noch irgendeine andere Ware besitzt, wenigstens seine Muskelkraft, seine Fähigkeit, sein Wissen verkaufen kann. Um sich in Kapital zu verwandeln, muss der Mensch vorher Ware werden.

30.

Ich bin das Kapital, der Herr des Weltalls, der Kapitalist ist mein Vertreter. Vor ihm sind alle Menschen gleich, ohne Unterschied sind sie seiner Ausbeutung unterworfen. Der Tagelöhner, der seine Muskelkraft verdingt, der Ingenieur, der sein technisches Wissen ausbietet, der Kassierer, der seine Ehrlichkeit verkauft, der Volksvertreter, der seine Stimme verschachert, das Freudenmädchen, das seinen Körper preisgibt, sie alle sind für den Kapitalisten Ausbeutungsobjekte.

31.

Er nötigt den Arbeiter, sich mit grober und verfälschter Nahrung zum Wiederersatz seiner Arbeitskraft zu behelfen, auf dass er sie billiger verkaufen kann. Er zwingt den Arbeiter, sich zu eigen zu machen die Asketik des Einsiedlers, die Geduld des Esels, die Ausdauer des Ochsen bei der Arbeit.

32.

Der Arbeiter gehört dem Kapitalisten. In der Werkstatt, wo sich niemand darum zu scheren hat, wann die Sonne aufgeht und wann die Nacht beginnt, lässt er den Arbeiter durch hundert wachsame Augen beobachten. Denn weder mit einer Bewegung noch mit einem Wort darf derselbe seine Arbeit unterbrechen.

33.

Die Zeit des Arbeiters ist Geld, jede Minute, die er verlorengehen lässt, ist ein Diebstahl, den er begeht.

34.

Der Druck des Kapitalisten folgt dem Arbeiter wie ein Schatten bis in seine Hütte. Denn der Arbeiter darf weder seinen Geist durch Lektüre oder Anhören sozialistischer Reden korrumpieren, noch seinen Körper durch Belustigungen überanstrengen. Der Lohnarbeiter soll von der Werkstatt in seine Behausung gehen, sofort essen und sich niederlegen, auf dass er am folgenden Tage seinem Herrn einen frischen und anspannungsfähigen Körper und einen gefügigen Geist mitbringe.

35.
Der Kapitalist erkennt dem Arbeiter kein Recht zu, nicht einmal das »Recht auf Arbeit« betitelte Recht auf Sklaverei.

36.
Er entkleidet den Arbeiter seiner Intelligenz und seiner Berufsgeschicklichkeit und überträgt sie auf die Maschinen, die sich nun und nimmer auflehnen.

4.
Grundlehren der göttlichen Weisheit

1.
Der Matrose wird vom Sturm überfallen, der Bergmann lebt zwischen Grubenfeuer und Erdsturz, den Fabrikarbeiter gefährdet das Räderwerk der Maschinen; überall drohen dem Lohnsklaven, der arbeitet, Tod und Verstümmelung. Der Kapitalist, der nicht arbeitet, ist vor jeder Gefahr geschützt.

2.
Die Arbeit rackert ab und tötet, aber bereichert nicht. Man erwirbt nicht Vermögen dadurch, dass man selbst arbeitet, sondern dadurch, dass man andere arbeiten lässt.

3.
Das Eigentum ist die Frucht der Arbeit und die Belohnung des Müßigganges.

4.
Man presst ebenso wenig Wein aus einem Kiesel, wie man Profit aus einem Leichnam zieht. Nur Lebende sind zur Ausbeutung zu gebrauchen. Der Henker, der einen Verbrecher hinrichtet, betrügt den Kapitalisten um ein Lebewesen, das er ansonsten noch ausbeuten könnte.

5.
Wohltun trägt keine Zinsen.

6.
Es ist mehr wert, wenn du dir beim Schlafengehen sagen kannst, ich habe ein gutes Geschäft gemacht, als: ich habe eine gute Tat begangen.

7.
Der Kapitalist, der seine Arbeiter 14 von 24 Stunden arbeiten lässt, hat seinen Tag nicht verloren.

8.
Schone weder den guten noch den schlechten Arbeiter, denn das gute wie das schlechte Pferd bedarf der Sporen um zu laufen.

9.
Das Blatt des Maulbeerbaumes braucht mehr Zeit, um Seide zu werden, als der Arbeiter, um sich in Kapital zu verwandeln.

10.

Im Großen stehlen und im Kleinen zurückgeben, heißt Philanthropie.

11.

Die Lohnarbeiter an seiner Bereicherung mitarbeiten lassen, heißt Kooperation.

12.

Den Löwenanteil von den Früchten der Arbeit nehmen, heißt Teilhaberschaft.

13.

Der Kapitalist ist Anhänger der Freiheit. Er gibt kein Almosen, denn das Almosen raubt dem Arbeitslosen die Freiheit an Hunger zu sterben.

14.

Die Menschen sind Maschinen zum Produzieren und Konsumieren. Der Kapitalist kauft die einen und verkauft ihre Produkte an die anderen.

15.

Der Kapitalist hat zwei Zungen, eine, der er sich beim Kaufen, eine andere, der er sich beim Verkaufen bedient.

16.

Alle Welt bestehlen, heißt niemand bestehlen.

17.

Ehre und Zartgefühl sind Gift beim Geschäft.

18.
Misstraue dem unehrlichen Menschen, aber vertraue dich nicht dem ehrlichen an.

19.
Die Geldstücke sind mit dem Bild des Regenten oder der Republik ausgeprägt, weil sie wie die Vögel unter dem Himmel nur dem gehören, der sie wegfängt.

20.
Die Fünfmarkstücke werden immer wieder aufgehoben, auch wenn sie in den Dreck gefallen sind.

21.
Du mühest dich ab um viele Dinge, du schaffest dir viele Sorgen, du möchtest ehrlich sein, du geizest nach Wissen, du buhlst um Stellen und Ehren. Und alles dies ist doch nur Eitelkeit und Jammer. Eines nur ist not: Kapital und wiederum Kapital.

22.
Die Jugend verblüht und die Schönheit verwelkt, nur das Geld altert nicht, noch bekommt es Runzeln.

23.
Das Gold ist die Seele des Kapitalisten, die Triebfeder seiner Handlungen.

24.
Wahrlich, ich sage euch, es ist mehr Ruhm, eine gefüllte Brieftasche zu sein, als ein Mensch, so reich beladen mit Talenten und Tugenden wie ein Esel, der zum Markt trabt.

25.

Genie, Geist, Schamhaftigkeit, Ehrlichkeit und Schönheit existieren nur dadurch, dass sie einen Marktwert haben.

26.

Tugend und Arbeit sind nur nützlich und einträglich, so sie der andere übt. Es gibt nichts Besseres für den Kapitalisten, als essen, trinken und der Venus frönen. Nichts bleibt ihm so sicher, wenn das Ende seiner Tage gekommen, als das, was er buchstäblich genossen.

27.

Solange der Kapitalist unter den Menschen weilt, die die Sonne erwärmt und bescheint, soll er genießen und der Freude leben. Denn man ist nur einmal jung, und niemand kann dem schlimmen und hässlichen Alter entgehen, das den Menschen beim Kopf erfasst und ihn dem Tode zuführt.

28.

In dem Grabe, wohin du gehst, wirst du nur Würmer finden.

29.

Außer einem vollen Bauch, der fröhlich verdaut, und kräftigen, befriedigten Sinnen ist nichts als Eitelkeit und Jammer.

5.
Ultima Verba[7]

1.

Ich bin das Kapital, der König der Welt.

2.

Ich schreite einher, begleitet von der Lüge, dem Neid, dem Geiz, dem Betrug und dem Mord. Ich trage den Krieg in die Städte und in die Familien. Wo ich vorüberziehe, säe ich Wut, Verzweiflung, Trostlosigkeit.

3.

Ich bin der unerbittliche Gott. Ich fühle mich wohl inmitten der Zwietracht und der Leiden. Ich martere die Lohnarbeiter und schone nicht meiner Auserwählten, der Kapitalisten.

4.

Der Lohnarbeiter vermag sich mir nicht zu entziehen. Und wenn er, vor mir herfliehend wie das gehetzte Wild, die Berge überschreitet, so findet er mich jenseits der Berge wieder; und wenn er, um sich vor mir zu retten, den Ozean überquert, so warte ich seiner an dem Ufer, da er landet. Der Lohnarbeiter ist mein Gefangener und die Erde ist sein allumfassendes Gefängnis.

5.

Ich mäste die Kapitalisten mit einem schwerfälligen und stupiden Wohlstand. Meine Auserwählten sind physische und geistige Eunuchen. Ihre Nachkommenschaft geht zugrunde in Blödsinn und Impotenz.

6.

Ich überschütte die Kapitalisten mit allem, was wünschenswert ist, aber ich nehme ihnen jeden Wunsch. Ich belaste ihre Tafeln mit den appetitlichsten Genüssen, aber sie haben den Appetit verloren; ich schmücke ihre Betten mit schönen und jungen Frauen, aber die Liebkosungen derselben vermögen nicht ihre entkräfteten Sinne wiederzuerwecken. Alles in der Welt ist ihnen ekel, schal und unersprießlich – sie vergähnen ihr Leben. Sie sehnen sich nach dem Nichts, und doch fürchten sie sich vor dem Tod.

7.

Je nachdem es mir Vergnügen macht, und ohne dass es der Vernunft der Menschen gelingt, meine Gründe zu ermitteln, schlage ich auf meine Auserwählten los. Ich schleudere sie hinab in die Hölle der Lohnsklaverei.

8.

Die Kapitalisten sind meine Werkzeuge. Ich bediene mich ihrer wie einer tausendsträhnigen Peitsche, um die stupide Herde der Lohnarbeiter zu geißeln. Ich erhebe meine Auserwählten auf die höchste Stufe in der Gesellschaft, aber ich verachte sie.

9.

Ich bin der Gott, der die Welten bewegt und den Verstand der Menschen verwirrt.

10.

Der Dichter des Altertums hat die Ära des Kapitalismus vorhergesagt. Er sprach: »Jetzt sind die Übel noch gemischt mit Gutem; aber eines Tages wird es weder Familienbande noch Gerechtigkeit noch Tugend mehr geben, Hades und Nemesis werden zum Himmel emporsteigen und das Übel wird ohne Heilmittel sein.«[8] Die verkündete Zeit ist gekommen: gleich den gefräßigen Ungeheuern der Meere und den Raubtieren der Wälder verschlingen die Menschen einander ohne Erbarmen.

11.

Ich lache über die Weisheit der Menschen. Arbeite, und die Not wird dir fernbleiben; arbeite, und deine Speicher werden gefüllt sein mit Lebensmitteln – lehrte die alte Weisheit. Ich aber sage: Arbeite, und Mangel und Elend werden dein treuer Begleiter sein; arbeite, und du wirst dein letztes Wirtschaftsstück ins Leihamt tragen.

12.

Ich bin der Gott, der die Staaten umwälzt. Ich beuge die Großen unter mein Gleichmachungsjoch, ich breche die anmaßenden Individualitäten, ich bilde die Menschen für die Gleichheit vor. Ich schaffe die Form für die kommende kommunistische Gesellschaft.

13.

Die Menschen haben Brahma, Jupiter, Jehovah, Jesus und Allah aus dem Himmel verjagt. Ich ziehe mich aus der Welt zurück, indem ich Selbstmord begehe.

14.

Wenn der Kommunismus Gesetz sein wird, wird die Herrschaft des Kapitals, des Gottes, der die Generationen der Vergangenheit und Gegenwart verkörpert, zu Ende sein. Das Kapital wird nicht mehr die Welt regieren, es wird der Sklave des Arbeiters sein, den es hasst. Der Mensch wird nicht mehr vor dem Werk seiner Hände und seines Geistes knien, er wird sich auf seine Füße stellen und aufrecht stehend die Natur als souveränen Herrscher betrachten.

15.
Das Kapital wird der letzte Gott gewesen sein.

V.
Das Gebet des Kapitalisten

1.
Das Gebet des Herrn

Unser Vater Kapital, der du bist von dieser Welt, allmächtiger Gott, der du den Lauf der Flüsse veränderst und Berge durchstichst, der du Erdteile voneinander trennst und Nationen zusammenkettest, Schöpfer der Waren und Quelle des Lebens, der du Königen und Untertanen, Arbeitern und Unternehmern befiehlst, dein Reich werde errichtet auf Erden.

Gib uns Käufer in Menge, die unsere Waren abnehmen, die guten wie die schlechten.

Gib uns notleidende Arbeiter, die ohne Murren die härteste Arbeit und den niedrigsten Lohn annehmen.

Gib uns Dumme, die auf den Leim unserer Prospekte gehen.

Gib, dass unsere Schuldner ihre Schulden an uns abzahlen.[9]

Führe uns nicht in das Zuchthaus, sondern befreie uns von dem Bankrott und verleihe uns ewige Renten.

Amen!

2.
Glaubensbekenntnis

Ich glaube an das Kapital, den Beherrscher der Körper und der Geister.

Ich glaube an den Profit, seinen eingeborenen Sohn, und an den Kredit, den heiligen Geist, der von ihm ausgeht und in ihm angebetet wird.

Ich glaube an Gold und Silber, die, geschmolzen im Tiegel und zerhackt in der Münze, geschlagen im Prägestock, als klingende Münze zur Welt kommen, aber, nachdem sie auf Erden gewandelt und zu schwer befunden worden, hinabfahren in die Keller der Bank, um als Papiergeld wieder aufzuerstehen.

Ich glaube an die Rente, an die fünfprozentige, an die vierprozentige und die dreiprozentige, sowie an die Aktienkurse.

Ich glaube an das System der Staatsschulden, welches das Kapital versichert gegen das Risiko in Handel, Industrie und Geldgeschäften.

Ich glaube an das Privateigentum, die Frucht der Arbeit anderer, sowie an seine Dauer bis ans Ende aller Zeiten.

Ich glaube an die Notwendigkeit der Not, der Lieferantin von Lohnsklaven und der Mutter der Mehrarbeit.

Ich glaube an die Ewigkeit des Lohnsystems, das den Arbeiter befreit von allen Sorgen des Besitzes.

Ich glaube an die Verlängerung des Arbeitstages und an die Gehaltskürzung, sowie an die Verfälschung der Produkte.

Ich glaube an das geheiligte Dogma: Billig kaufen und teuer verkaufen, und somit an die Grundsätze unserer allerheiligsten Kirche, der rechtgläubigen Nationalökonomie.

Amen!

3.
Der englische Gruß (Ave Miseria)

Gegrüßt seist du, Not, du bist voll der Gnaden. Du erdrückst und bändigst den Arbeiter, du marterst seine Eingeweide durch unablässigen Hunger und verdammst ihn, sein Leben und seine Freiheit für ein Stück Brot zu verkaufen. Du brichst den Geist der Empörung und weihst den Proletarier, sein Weib und seine Kinder der Zwangsarbeit in den kapitalistischen Zuchthäusern. Heil dir, Gebenedeite unter den Weibern!

Heilige Jungfrau, die du gezeuget hast den kapitalistischen Profit, sei gesegnet, Göttliche, du marterst die erniedrigte Klasse der Lohnarbeiter.

Liebevolle und begnadete Mutter der Mehrarbeit, Erzeugerin der Renten, wach über uns und unsere Kinder.

Amen!

4.
Anbetung des Goldes

Gold, wunderbare Ware, die du in dir trägst alle übrigen Waren.

Gold, erstgeborene Ware, die alle anderen Waren zu sich bekehrt,

Gott, der alles zu wägen und zu messen weiß;

du, die vollkommenste, idealste Verkörperung des Gottes-Kapital;

du, das edelste, großartigste Element in der Natur;

du, das weder Wurm noch Schimmel noch Rost kennt;

Gold, unabänderliche Ware, flammende Blume, glänzender Strahl, leuchtende Sonne, du stets jungfräuliches Metall, das du, den Eingeweiden der Erde, der ehrwürdigen Mutter aller Dinge, entrissen, dich abwendest, dich in den Geldschränken der Wucherer und in den Kellern der Bank vergräbst, und aus dem Versteck, da du aufgeschichtet ruhst, deine Kraft auf gemeines, elendes Papier überträgst, auf dass es sie verdopple und verzehnfache;

Gold, träges Metall, das die Welt bewegt, vor deiner glänzenden Majestät beugen sich die Jahrhunderte und beten dich an:
Verleihe deine göttliche Gnade den Getreuen, die dich anrufen, und die, um dich zu besitzen, Ehre und Tugend, die Achtung der Männer und die Liebe des Weibes ihrer Seele und der Kinder ihres Blutes preisgeben und vor der Verachtung ihrer selbst nicht zurückschrecken!

Gold, allerhöchster, unüberwindlicher Gebieter, du ewig Siegreicher, vernimm unser Gebet!
Erbauer der Städte und Zerstörer der Reiche,
Polarstern der Moral,
der du die Gewissen trägst,
der du den Nationen Gesetze vorschreibst und Könige und Kaiser unter dein Joch beugst, vernimm unser Gebet!
Du, der du die Gelehrten die Wissenschaft fälschen lehrst, der du die Mutter überredest, die Jungfräulichkeit ihres Kindes zu verkaufen, und den freien Mann zwingst, die Sklaverei der Fabrik auf sich zu nehmen, vernimm unser Gebet!
Du, der die Entscheidungen der Richter und die Abstimmungen der Deputierten kaufst, vernimm unser Gebet!
Du, der du Blumen und Früchte hervorrufst, welche die Natur nicht kennt,
der du Laster und Tugenden verbreitest,
der du die Kunst und den Luxus ins Leben rufst, vernimm unser Gebet!
Du, der du die unnützen Tage des Müßiggängers verlängerst und die Jahre des Arbeiters verkürzest, vernimm unser Gebet!
Du, der du dem Kapitalisten in seiner Wiege zulächelst und den Proletarier schon im Schoße seiner Mutter misshandelst, vernimm unser Gebet!

Gold, unermüdlicher Wanderer, der du an Schurkereien und Gaunerkniffen Gefallen hast, erhöre uns!

Dolmetscher aller Sprachen,
gewandtester aller Kuppler,
unwiderstehlicher Verführer,
Eichmaß für Menschen und Dinge, erhöre uns!
Bote des Friedens, Begünstiger der Zwietracht,
der du Muße und Überarbeit verteilst,
Beistand der Tugend und der Korruption, erhöre uns!

Gold, verflucht und angerufen in unzähligen Gebeten, verehrt von Kapitalisten und geliebt von Kurtisanen, erhöre uns!

Befreier von Gütern und von Übeln,
Unglück und Glück der Menschen,
Heiler der Kranken und Balsam für die Schmerzen, erhöre uns!

Du, der die Welt verzaubert und die menschliche Vernunft verwirrt,

du, der die Hässlichkeit schön macht und die Ungeschicklichkeit schmückt,

All-Friedensstifter, der die Schande und Ehrlosigkeit achtungswert macht und den Diebstahl und die Prostitution zu Ehren bringst, erhöre uns!

Du, der die Feigheit mit dem Ruhm beladet, welcher der Tapferkeit gebührt,

der der Hässlichkeit die Huldigungen zuwendet, welche der Schönheit gebühren,

der der Hinfälligkeit die Liebe verschafft, die der Jugend gebührt,

boshafter Zauberer, erhöre uns!

Dämon, der den Mord anstiftet und den Wahnsinn entfacht, erhöre uns!

Fackel, die die Wege des Lebens erleuchtet,
Führer und Beschützer und Heil der Kapitalisten, erhöre uns!

Gold, König des Ruhmes, Sonne der Gerechtigkeit,
Gold, Kraft und Feuer des Lebens, erlauchtes Gold, komm zu uns!
Gold, du Liebenswürdiger für den Kapitalisten, du Furchtbarer für den Arbeiter, komm zu uns!
Spiegel der Genüsse,
du, der dem Nichtstuer die Früchte der Arbeit zuwendet, komm zu uns!
Du, der die Keller und Speicher derer füllt, die weder ackern noch mähen, weder graben noch säen, komm zu uns!
Befreier von der Arbeit, die den Menschen entwürdigt und seine Rasse verdirbt, komm zu uns!
Du, die Stärke und das Wissen und die Einsicht des Kapitalisten, komm zu uns!
Du, die Tugend, der Ruhm, die Schönheit und die Ehre des Kapitalisten, komm zu uns!
O komm zu uns, verführerisches Gold, höchste Hoffnung, Anfang und Ende aller kapitalistischen Tätigkeit, alles kapitalistischen Denkens und alles kapitalistischen Fühlens!
Amen!

VI.

Klagen Hiob Rothschilds, des Kapitalisten

Kapital, mein Gott und mein Gebieter, warum hast du mich verlassen? Was habe ich verbrochen, dass du mich von den Höhen des Besitzes hinabstürzest und mich erdrückst unter der Last der harten Armut?

Habe ich nicht gelebt nach deinem Gebot? Waren meine Handlungen nicht recht und gesetzlich?

Kannst du mir vorwerfen, dass ich je gearbeitet? Habe ich nicht alle Genüsse gekostet, welche meine Millionen und meine Sinne mir erlaubten? Habe ich nicht Männer, Frauen und Kinder Tag und Nacht bis zur Erschöpfung und darüber hinaus in meinen Dienst gespannt? Habe ich ihnen je mehr als einen Hungerlohn gegeben? Hat mich die Not und die Verzweiflung meiner Arbeiter je gerührt?

Kapital, mein Gott, ich habe die Waren, die ich verkaufte, verfälscht, ohne mich darum zu kümmern, ob ich die Konsumenten vergifte. Bis auf die Haut habe ich die Dummköpfe gerupft, die auf den Leim meiner Prospekte gegangen.

Ich habe nur gelebt, um zu genießen und mich zu bereichern, und du hast meine tadellose Aufführung, mein des Lobes wertes Leben gesegnet, indem du mir gewährtest Frauen und Kinder, Hunde und Knechte, die Freuden des Leibes und die Freuden der Eitelkeit.

Und jetzt habe ich alles verloren und bin ein Ausgestoßener.

Meine Konkurrenten freuen sich über meinen Ruin und meine Freunde wenden sich von mir ab; sie verweigern mir sogar Vorwürfe und unnütze Ratschläge, sie kennen mich nicht mehr. Meine Mätressen bespritzen mich auf der Straße mit den Karossen, die ich ihnen mit meinem Gelde gekauft.

Das Elend legt sich um mich, gleich den Mauern eines Gefängnisses trennt es mich von der übrigen Menschheit. Ich bin allein und alles in mir und außer mir ist trübe.

Meine Frau, die kein Geld mehr hat, um sich zu schminken und ihr Gesicht zu verkleiden, erscheint vor mir in ihrer ganzen Hässlichkeit. Mein Sohn, erzogen zum Nichtstun, begreift nicht einmal die Tragweite meines Unglücks – Idiot, der er ist! Die Augen meiner Töchter fließen wie zwei Bäche in der Erinnerung an die versäumten Heiratspartien.

Aber was sind die Leiden der meinigen gegen mein Unglück? Da, wo ich als Herr befohlen, jagt man mich fort, wenn ich mich als Untergebener anbiete!

Alles ist Kot und Gestank für mich in meiner Höhle. Mein von der Härte meines Lagers zerschundener und von Wanzen und schmutzigen Insekten zerbissener und zerstochener Körper findet keine Ruhe mehr; meine Seele kostet nicht mehr den Schlaf, der Vergessenheit bringt.

Oh, wie sind die Elenden glücklich, die von jeher nur Armut und Schmutz gekannt! Sie wissen nicht, was zart und lieblich ist, ihre dicke Haut und ihre abgestumpften Sinne empfinden keinen Ekel.

Warum mich das Glück kosten lassen, um mir nichts zu lassen als die Erinnerung, blinkender denn eine Spielschuld?

Besser wäre es gewesen, o Herr, mich in Elend geboren werden zu lassen als mich zu verdammen, darin zu verkommen, nachdem du mich im Reichtum erzogen.

Was kann ich tun, um mein armseliges Brot zu erwerben?

Meine Hände, die nur Ringe getragen und mit Banknoten zu tun gehabt haben, können keinerlei Werkzeug hantieren. Mein Hirn, welches sich nur damit beschäftigte, der Arbeit zu entfliehen, von den Ermüdungen des Reichtums auszuruhen, die Langeweile des Nichtstuns loszuwerden und über den Ekel der Übersättigung hinwegzukommen, ist nicht fähig zu der Aufmerksamkeit, die erforderlich ist, Briefe abzuschreiben und Zahlen zu addieren.

Ist es denn möglich, Herr, dass du einen Menschen so erbarmungslos schlägst, der nie auch nur einem deiner Gebote ungehorsam war?

Oh, es ist schlecht, es ist ungerecht, es ist unmoralisch, dass ich die Güter verliere, welche die Arbeit anderer so mühsam für mich aufgehäuft hatte.

Wenn die Kapitalisten, meine ehemaligen Genossen, mein Unglück sehen, so werden sie erfahren, dass deine Gnade Laune ist, dass du sie gewährst ohne Vorliebe, und sie zurücknimmst ohne Ursache.

Wer wird dann noch an dich glauben wollen?

Welcher Kapitalist wird verwegen, sinnlos genug sein, dein Gesetz anzunehmen, sich im Nichtstun, im Prassen und Schlemmen zu verweichlichen, wenn die Zukunft so unsicher, so bedrohlich ist? Wenn der Wind, der an der Börse weht, die bestangelegten Vermögen fortbläst? Wenn nichts Bestand hat? Wenn der Reiche von heute der Bettler von morgen sein kann?

Die Menschen werden dir fluchen, Gott-Kapital, wenn sie meine Erniedrigung betrachten, sie werden deine Macht leugnen, wenn sie die Tiefe meines Sturzes ermessen, sie werden deine Gunst zurückweisen.

Um deines Ruhmes willen setze mich wieder in meine verlorene Position ein. Erhebe mich aus meiner Versunkenheit, denn mein Herz füllt sich mit Galle, und Flüche drängen sich auf meine Lippen!

Wilder Gott, blinder Gott, stupider Gott! Hüte dich, dass die Reichen nicht endlich ihre Augen öffnen und bemerken, dass sie sorglos und unbewusst am Rande eines Abgrunds wandeln! Zittre, dass sie dich nicht hineinwerfen, um ihn zu füllen, dass sie sich nicht mit den Kommunisten verbinden, um dich zu stürzen.

Doch welche Gotteslästerung stoße ich aus?

Mächtiger Gott, vergib mir diese törichten und verbrecherischen Worte. Du bist der Meister, der die Güter austeilt, ohne nach dem Verdienst zu fragen, und sie nach deinem Gefallen zurücknimmst. Du weißt, was du tust.

Du zerschmetterst mich in meinem Interesse, zu meinem Wohle prüfst du mich.

Oh, holder und liebenswürdiger Gott, schenke mir deine Gunst wieder! Du bist die Gerechtigkeit, und wenn du mich schlägst, so habe ich unbewusst irgendeinen Fehl begangen.

O Herr, wenn du mir meinen Reichtum wiedergäbest, so gelobe ich, deine Gesetze noch strenger zu befolgen. Ich werde die Lohnarbeiter mehr und besser ausbeuten, die Konsumenten noch listiger betrügen, die Aktionäre noch vollständiger rupfen.

Ich krieche vor dir wie der Hund vor dem Herrn, der ihn prügelt. Ich bin deine Sache: dein Wille geschehe!

Wortgetreue Abschrift bescheinigt:
Paul Lafargue

Anmerkungen

1) Wir bedauern, dass der beschränkte Raum es uns unmöglich macht, die bedeutenden Reden wörtlich wiederzugeben, die auf diesem Kongress gehalten wurden, an welchem die Spitzen der Wissenschaft, der Philosophie, der Religion, der Politik, der Finanz, der Industrie und des Handels teilnahmen. – Wir verweisen den der englischen Sprache mächtigen Leser auf den von Herrn Spencer im Aprilheft 1884 der Contemporary Review veröffentlichten Artikel »The coming slavery« (Die herannahende Sklaverei), in welchem dieser Philister von Philosoph Zellengefängnis und Peitsche für die Beherrschung der niederen Klasse empfahl.

2) Der Katechismus spielt hier auf eine Tatsache an, die in Frankreich passiert ist, und die seine Verfasser zweifelsohne in allen Ländern verallgemeinert sehen wollen. Man benutzte die in den Sparkassen deponierten Summen, um die auf 1.200 Millionen angelaufene schwebende Schuld zu bezahlen. Bei dieser Gelegenheit machen wir auf den echt internationalen Charakter des Katechismus aufmerksam, der die Rechte und Pflichten der Proletarier ohne Unterschied des Landes und der Rasse formuliert.

3) Ist in Frankreich geschehen. Die Verfasser sahen wahrscheinlich voraus, dass die Geschichte sich in anderen Ländern wiederholen werde, und wollen die sparenden Arbeiter darauf vorbereiten.

4) Der Legat des Papstes spielt hier zweifelsohne auf den Satz im Buch der Könige an: »Und er (Josia) zerstörte die Häuser der Sodomiter, die an dem Hause des Herrn waren, darinnen die Huren Zelte wirkten.« (2. Buch der Könige, Kapitel 23, Vers 7) Im Tempel der Mylitta hatten die Prostituierten Babylons ähnliche Quartiere.

5) Die Verfasser der Predigt zeigen sich hier von einem Gedanken August Comtes durchdrungen. Der Stifter des Positivismus prophezeite die Bildung einer höheren Frauenrasse, die von der Schwangerschaft und Zeugung befreit sein werde. Die Kurtisane verwirklicht das Ideal des berühmten Bourgeoisphilosophen.

6) Der Verfasser des kapitalistischen Hohepriesters spielt ohne Zweifel auf jene Kinderfibel-Ökonomen an, die, um zu beweisen, dass das Kapital von jeher existiert hat, behaupten, die Ameise werde dadurch, dass sie Vorräte aufhäuft, Kapitalist.

7) Letzte Worte, d. h. Summe aller Erkenntnis.

8) Diese so treffende Prophezeiung der kapitalistischen Epoche steht in »Werke und Tage« von Hesiod, einem griechischen Dichter, der etwa 800 Jahre vor unserer Zeitrechnung lebte.

9) Das Paternoster der Christen, redigiert von Bettlern und Vagabunden für arme Teufel, die beständig bis über die Ohren verschuldet waren, richtete an Gott die Bitte um die Erlösung von den Schulden: dimitte nobis debita nostra, sagt der lateinische Text. Als jedoch die Besitzenden und Wucherer sich zum Christentum bekehrten, stießen die Kirchenväter den ursprünglichen Text um und übersetzten unverfroren debita = Schulden, mit Schuld gleich Sünde. Tertullian, ein Kirchengelehrter und Großeigentümer, schrieb eine ganze Abhandlung über das Gebet des Herrn, um festzustellen, dass das Wort Schulden in dem Sinne von Sünden zu verstehen sei, die einzigen Schulden, welche den Christen erlassen werden. Die Religion des Kapitalismus, als ein Fortschritt gegenüber dem Katholizismus, muss nun die volle Bezahlung der Schulden verlangen, da der Kredit die Seele der kapitalistischen Betätigung ist.